AF335921

PAUL BOTTINELLI

BRANCARDIER DIVISIONNAIRE

De la Grogne

aux Poilus

Drame en un acte, en vers

NANCY, BERGER-LEVRAULT, ÉDITEURS

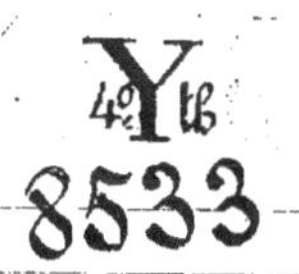

4° Y th
8533

DE LA GROGNE AUX POILUS

PERSONNAGES

LA FLEUR . . . . Sergent Benon.
PIERRE. . . . . Sergent Laurent.
JEAN-MARIE . . . . Duguet.

Un feu de bivouac dans les ruines à Fleury, près de Verdun.

Cette œuvre a été jouée sur le front de Lorraine, le 14 juillet 1916 (¹).
Le poème *Jean Valère* a été dit par le sergent Papin.

(1) Nous remercions chaleureusement la Maison Berger-Levrault pour sa parfaite bienveillance à notre égard. Malgré les difficultés de toute sorte, inhérentes à notre situation aux armées, elle s'est pliée généreusement aux exigences des poilus. Que M. R. Steinheil, M. L. de Joannis et M. J. Van Melle, en particulier, acceptent ici notre vive gratitude.   P. B.

PAUL BOTTINELLI

BRANCARDIER DIVISIONNAIRE

De la Grogne
aux Poilus

Drame en un acte, en vers

NANCY, BERGER-LEVRAULT, ÉDITEURS

PRÉFACE

La grandeur d'âme souriante est une qualité éminemment française, on le sait de reste ; et ce m'est une joie de reconnaître sa présence dans notre Groupe.

Au repos comme dans les combats, les brancardiers se sont toujours montrés dignes émules des Jean-Marie et des Pierre, je tiens à le constater une fois de plus ; et l'on sent que l'auteur de ce drame et des poèmes qui le suivent vit depuis longtemps parmi eux.

Son œuvre, hautement morale, d'un intérêt puissant, reflète la confiance en soi fondée sur les sentiments de la Justice et du Devoir. C'est une étude où se trouve finement exprimée, en des vers vigoureux et bien rythmés, la vraie psychologie du soldat français. L'auteur a été excellemment secondé dans l'interprétation de ce drame par ses camarades, acteurs improvisés, musiciens, décorateurs, artistes de goût, qui ont su donner à ces pages littéraires tout le relief qu'elles comportent. Les uns et les autres, il m'est agréable de le noter, ont bien pénétré le secret de cette force joyeuse qui faisait dire à un capitaine allemand capturé devant Verdun et parlant de nos soldats : « Avec de tels hommes, je passerais partout ! »

14 juillet 1916.

VICTOR DEBORD,

Officier gestionnaire du Groupe de Brancardiers
de la e division.

DE LA GROGNE AUX POILUS

Drame en un acte, en vers.

BIBLIOTHÈQUE NATIONALE — R F — IMPRIMÉS

PIERRE

Veine! depuis tantôt, plus d'obus sur la tête :
Montfaucon s'assoupit et le Poivre s'arrête.
Jette sur le brasier du bois, car nous gelons.

JEAN-MARIE

Dire qu'étant au feu l'on meurt de froid! Allons!

(Il jette du bois sur le feu.)

PIERRE

Mais on tient ! et, mon vieux, cela me ravigote
De savoir qu'on leur met au bon endroit la botte,
Et qu'ils ont beau râler, qu'ils ne passeront pas
Malgré leurs deux cent dix et leurs canons poussas!

JEAN-MARIE

Pour sûr! Et tout de même, est-ce bête, la guerre!
On vit avec les rats et les taupes sous terre;
Tout le jour on entend un essaim de frelons
Ponctuer à grand bruit de sinistres chansons.

On se nourrit Dieu sait comment! et l'on est sale;
On se couvre de gloire, oui certes,..... et de gale!

PIERRE

Est-ce que tu serais Jean qui pleure ou Gros-Jean?
Monsieur se bat le jour; le soir, il dit : « Gnangnan! »

JEAN-MARIE

Ah non, ne raille pas, car autrement, je file.

PIERRE

Fort bien! alors tu vas faire ton tour de ville?
Applaudir dans Fleury l'orchestre du canon?
Aux belles accorder de l'admiration?

JEAN-MARIE

A ton aise, souris! sache cependant, Pierre,
Que j'aimerais bien mieux la ration entière.

PIERRE

Je te retrouve enfin; vrai! je désespérais.
Comme dit le sergent : « Maintenant, tu me plais! »
C'est la Saint-Jean, dis donc!

JEAN-MARIE

                    Tiens! c'est juste, j'oublie!
Verdun flambe..... Saint-Jean! Et le fer tombe en pluie.
Les feux de la Saint-Jean s'allument par le tir;
La fête est dans son plein, bravo pour le plaisir!

8

Prends garde! le cafard travaille ta cervelle!
La folie y pénètre et souffle l'étincelle!
Regarde là-bas..... C'est la ferme de l'Ormeau,
Notre village au fond, sur le flanc du coteau,
Avec ses toits branlants, sous le chaume ou la pierre,
Et si bas, qu'on dirait des vieilles en prière;
C'est la Saint-Jean, ce soir, les feux vont s'allumer:
Allons, filles et gars, en ligne pour danser!
C'est notre fête à nous qui sommes la jeunesse!
De la plaine et des monts on accourt, on se presse :
Le père Blaise est là, juché sur deux tonneaux,
Et dans son violon chantent nos vieux rondeaux.
La brune se trémousse, et cette blonde ruse
Et taquine, et partout le rire éclate et fuse!
Les couples sont formés, la danse va son train,
Et les serments d'amour feront rêver demain.
Ton fils à l'écart joue et ta femme ravie
Écoute dans son cœur la chanson de la vie!

JEAN-MARIE

Quel rêve! Oui, ce bambin, ce fils à l'œil profond
Qui comme toi, parfois, me trouble et me confond,
Ami, m'a bien souvent sauvé, sans qu'il s'en doute,
Aux heures où l'on choit tout du long sur la route,
Car mon présent se dore à son propre avenir.

PIERRE

Mais ces couplets, dis-moi, si j'ai bon souvenir,

Que tu lui composas, j'aimerais les entendre.
C'est un service.....

JEAN-MARIE

Soit! Et que tu veux me rendre.

EN SENTINELLE

(Chanson. — Musique de Georges MARAIS.)

La nuit mystérieuse avec lenteur descend.
Je suis seul à veiller dans la pluie et le vent ;
Et ce soir, en songeant à toi, dans la tranchée,
Robert, mon premier né, je sens s'ouvrir mes bras :
C'est l'heure où tu t'endors, où ta mère, là-bas,
    Va te bercer de ma pensée.

Quand le combat s'égaille et brutal me saisit,
Ton jeune cœur se joint au mien, mon tout petit :
Et, lorsque la terreur, ce spectre de la guerre,
Dans sa griffe me tient, j'entends au loin ta voix
Murmurer : « Sois vaillant : tu défends à la fois
    La France et l'enfant qui t'espère ! »

Il se peut que là-haut Dieu m'appelle soudain :
Afin que le blé germe, il faut que le bon grain
Tombe dans le sillon ; afin qu'en sa demeure
Chaque petit Français soit de gloire couvert
Et sa mère plus fière et toi libre, Robert,
    Il faut que plus d'un soldat meure !

Écoute ! La forêt se recueille et bruit ;
Le fusil près de moi, je guette dans la nuit

10

Et je vois ton regard, étoile qui m'attire
Et me fixe à travers les grands arbres mouvants.
Et mon sein s'est gonflé sous des souffles puissants :
Je vois la victoire sourire !

PIERRE

Pour t'avoir écouté je n'ai plus froid du tout.
N'est-ce pas ton avis? nous tiendrons jusqu'au bout ;
Mais quand je me souviens qu'ils ont pu, les vandales,
Fusiller nos petits, brûler nos cathédrales,
La colère m'étrangle et j'ai dans le gosier
L'âcre saveur du sang !

JEAN-MARIE

Ils auront beau prier !
Le jour où, déchaînés, nous serons dans leurs plaines,
Ils frémiront devant nos implacables haines !
L'humanité ! les lois ! arguments de jobard,
Des chiffons de papier d'un régime bâtard !
Le scorpion s'écrase ainsi que la vipère :
Nulle grâce à l'enfant, nulle grâce à la mère !
Nous serons, de par Dieu, justiciers du bien !
(On entend du bruit dans les coulisses.)

PIERRE

Alerte ! Qui va là?

LA FLEUR

Pardon ! c'est moi, l'Ancien !
La Fleur, dit Beau Plumet, sergent du temps de l'Autre.

On ne peut plus dormir sous cette tombe nôtre !
La guerre, ô mes aïeux, est un jeu maintenant
Qui consiste à creuser en arrière, en avant.
Le canon, ce bavard, garde seul la parole ;
Et tuer des gamins est, paraît-il, le rôle
Du fantassin de France ! Et l'honneur est changé !

PIERRE

Mais qui donc te permet....?

LA FLEUR

       Le droit du plus âgé !
Vous portez deux chevrons et puis quelques blessures...
J'ai connu ces bobos : la gloire et ses piqûres.

JEAN-MARIE

Et si le général te rencontrait ici?

LA FLEUR (il s'assied)

Le général?..... Eh bien, il me dirait : « Merci! »
Voyons, sans se fâcher, il est bon qu'on raisonne.
Et ne me traitez pas de stupide personne :
Je le sais, les poilus ! Vous avez surpassé
Ce que nous avons fait de grand dans le passé.

PIERRE

En serais-tu jaloux?

12

Ah! je voudrais qu'il vienne.
Ton Empereur!

LA FLEUR (*terrible, mais à mi-voix*)

Silence! il n'est qu'à Sainte-Hélène.

PIERRE

Ma parole! On croirait qu'il est tout près de nous,
Ton Corse, et que tu vas te mettre au garde à vous!
Enfin, pourquoi, l'Ancien, nous blâmer sans vergogne?

LA FLEUR

Parce que, mes mignons, il faut qu'un grognard grogne!
Surtout, je n'aime pas qu'on trahisse l'esprit
De notre race à nous et que l'on vous apprit.
N'as-tu pas dit.....
   (*Mouvement de Jean-Marie.*)
     oui, toi, que pour venger leurs crimes
La honte nous suffit? la honte et ses abîmes?

JEAN-MARIE (*confus*)

Je parlais des berceaux.....

PIERRE

     Ça nous calmait, vois-tu,
On souffre, on est mauvais!...

LA FLEUR

Écoute donc, poilu!

Nous avions traversé plus d'un pays immense,
D'Espagne à Rovigo, de Padoue à Mayence;
Je passe, on a trop dit nos misères d'alors;
Nous avions comme vous le sourire des forts;
Et voici qu'un beau jour, après un grand carnage,
C'était près d'Iéna, j'entre dans un village.
J'étais sergent. Je vois tous mes bleus, vous savez,
Ceux qui n'ont que dix ans de services complets,
Ligotant un garçon et massacrant sa mère.
Mon sang ne fait qu'un tour, et, de rude manière
J'ordonne de remettre en liberté ces gens.
Je dus me colleter et j'y perdis trois dents.
Dans sa maison alors je portai cette femme
Qui, peu d'heures après, dans mes bras rendait l'âme.
Son fils se blottissait effaré contre moi,
Et j'eus beaucoup de peine à calmer son effroi.
Cet orphelin, qu'en faire? Oh! pas une minute.
Ami, je ne songeai que l'Allemand est brute,
Car avant vous j'ai pu juger de près les Huns.
Bien qu'alors leurs forfaits m'aient paru plus communs.
Fallait-il écraser dans son œuf la vipère?
J'embrassai cet enfant et je devins son père.
La porte tout à coup s'ouvre : c'est le Tondu!
Je mesure ma faute et me juge perdu.
« Ainsi l'on peut quitter à son gré les colonnes?
Ton poste de combat, La Fleur, tu l'abandonnes?

14

Comme tu fus jadis l'un de mes plus vaillants,
Parle vite et conclus; pour une fois, j'attends! »
Alors, mes compagnons, je lui conte l'affaire
Et dis, en terminant, sans crainte de déplaire :
« Sire, du gamin c'est un soldat que je fais!
A vivre avec la Grogne, il deviendra Français.
Bara n'était pas plus grand que lui, je suppose,
Et mon fils suivra l'Aigle où la Gloire la pose.
Des tambours de son âge ont guidé le combat
Et nous ont entraînés! Je le sacre soldat!

PIERRE

Et comment l'Empereur te punit-il, ma vieille?

LA FLEUR

Il caressa l'enfant et me pinça l'oreille.

JEAN-MARIE

Eh quoi! Napoléon te connaissait, sergent ?

LA FLEUR

C'est fatal! Nous avions ensemble, si souvent,
Bu de la même eau trouble, en notre chevauchée,
Et mangé de ce mets nommé vache enragée.

JEAN-MARIE

N'importe! En ce temps-là, le choc était moins dur!

15

Voyez-vous ce bleuet dans sa robe d'azur !

Mais ta guerre n'était que de la pacotille,
Car tu ne laissais pas, au pays, de famille,
Des champs, un atelier, un garçon de ton nom !

A vivre avec la Grogne, il redevient grognon !

Aujourd'hui, les soldats sont la foule anonyme ;
Mourir derrière un mur est déclaré sublime ;
Un trou, pas de linceul ; il arrive parfois
Qu'on vous laisse longtemps sans tombeau dans les bois !
Demande à Pierre, à peine.....

         à peine si la Gloire,
En vous ouvrant les cieux, vous couche dans l'Histoire !

Bien répondu, sergent !

JEAN-MARIE

Gloire, Histoire! des mots!
Napoléon au moins en usait à propos :
Vous avanciez! Mais nous, dans la poêle à frire,
Nous sommes les marrons qu'on grille, tu veux rire!

PIERRE

Cependant, Jean-Marie, il faut s'entendre enfin!
(Mouvement de La Fleur.)
Laisse-moi lui parler. Que dis-tu de Louvain?
Ils avaient pris l'Alsace : elle devint un bagne!
Et l'Empereur, bandit qui se croit Charlemagne,
Sans conquérir les cœurs pour qu'on pût oublier,
A préféré saisir la ferme et le fermier.
L'Alsace a fui l'Alsace et le sol des ancêtres
Sous l'éperon sanglant de la faim et des maîtres!
Mais l'Alsace, c'est peu : la Belgique était là,
On la bâillonna donc, puis on la piétina!
Et ce qui fut hier, sache-le, Jean-Marie,
Si nous ne luttons pas, guette ta métairie!

JEAN-MARIE

Tonnerre! dis-tu vrai? Mon enfant, mon amour.....

LA FLEUR

Certes, je m'y connais : cet aigle est un vautour!

PIERRE

Maintenant, libre à toi d'abandonner ta terre,
Ton épouse et ton fils et le bien de ton père !
Tu te consoleras : tant d'autres, comme toi,
Si nous sommes vaincus, connaîtront ton effroi !

JEAN-MARIE

Mon Dieu !... Tout se confond... Je le vois, je me leurre,
Et j'ai honte à présent des mots de tout à l'heure.
La fatigue des jours m'abusait, j'en conviens,
Et j'oubliais le droit des autres et des miens.
                                        (*A Pierre.*)
Ta main, je serai fort, car c'est toi le vrai sage.

LA FLEUR

Et tu sauras sourire et tu prendras courage.

JEAN-MARIE

La souffrance à ce point m'avait donc terrassé !
Je songeais trop à moi : c'est à jamais passé !

LA FLEUR

Jeunesse, je revis ! l'égoïsme est de mise
Quand la France apparaît ainsi qu'une promise,
Quand on lutte pour elle en risquant son va-tout ;
Quand on dit : Je mourrai pour qu'elle soit debout.
Et la Gloire, jadis, comme au siècle où nous sommes.

Aussi bien que la foi, grandit de petits hommes.
Le Droit, la Gloire, un mot? Il faudrait oublier
Nos chers morts enfouis, les seigneurs du foyer,
Et dont nous héritons, ô mes fils, de la race!
La Gloire, c'est un peu de leur âme qui passe!
Autrefois elle était dans saint Louis, Bayard,
Jeanne et les chevaliers. Elle prit pour regard
Davout et l'Empereur. Aujourd'hui, dans le moindre
Des soldats de Verdun, amis, je la vois poindre.
La Gloire, elle est en Joffre, en Castelnau, Pétain,
Ces chefs que bénira chaque foyer demain;
C'est le mot que transmet, chez nous, un siècle à l'autre,
Du laboureur qui sème au soldat, à l'apôtre.
C'est le mot que la mère insuffle avec le sang
Et que l'on porte à Dieu comme un panache blanc!
C'est tout ce qui vit pur et vit pour un beau rêve;
C'est sur vos fronts, soldats, un soleil qui se lève;
Elle est dans le berceau, dans la ruine, ici,
La Gloire!... ô mon Pays, et le Droit, les voici!

APOTHÉOSE

*La toile de fond se lève. Apparaissent dans une lumière rouge le Droit,
sous la forme d'un guerrier gaulois appuyé sur son glaive, et la Gloire, un peu
plus élevée, tenant une palme à la main. Jean-Marie entonne la « Française »
(paroles de Zamacoïs et musique de Saint-Saëns).*

JEAN VALÈRE

Orphelin sans famille, avant la grande guerre
C'était un camelot, le soldat Jean Valère.
La rue avait servi de foyer à l'enfant,
Et tout l'amer levain du désenchantement
Il l'avait connu là : le vice et l'ironie
Qui font d'un cœur qui s'ouvre un cœur qui se replie.
Que de fois, sourdement, il avait appelé
La mère absente à l'aide, et qui l'eût caressé,
Cherchant à deviner par quel sombre mystère
Des nids n'ont pas d'oiseau, un enfant pas de mère !
Mais dans le sauvageon, parfois, l'arbre pourrit,
Et l'enfant sans amour prépare le bandit.
Bref, Jean Valère, à trente ans, vit en pauvre hère
Que grisent des mots creux, que nourrit la misère,
Protecteur de quiconque est jugé son égal :
Car l'âme reste bonne en pensant souvent mal.
Un jour, une rumeur, à l'océan pareille,
S'éleva du faubourg et remplit son oreille,
Vague qui de l'abîme et déferle et s'étend,
Clair frisson révolté des drapeaux dans le vent ;

Toute une race, enfin, debout, calme et splendide,
Prenant le droit pour glaive et son honneur pour guide.
Ce jour-là, Jean Valère eut un rire joyeux
Et fleurit sa vareuse en murmurant : « Tant mieux ! »
Une semaine après, la France transformée
L'entraînait en soldat dans la sainte mêlée.
Content de tout, heureux d'avoir un vrai foyer,
Par sa gaîté comique il sut se faire aimer,
Oubliant la fatigue, aidant le camarade.
« Messieurs, ce lourd obus parle à la cantonade,
Sa voix est enrouée et son rôle est manqué.
Colis de mort subite, hé, va donc, embusqué ! »
Mais, à l'heure où chacun se recueillait pour lire
La lettre du pays, parfum que l'on respire
Et caresse à laquelle on tend son front lassé,
Valère s'écartait, plus seul, plus délaissé,
Et tapi dans un coin, d'humeur fière et jalouse,
Le fantassin rêvait et d'enfants et d'épouse.
Or, un soir, en gagnant son poste, le cœur gros,
Il tint sans réfléchir de violents propos :
« Officiers profiteurs et vendus, c'est superbe ! »
Un lieutenant passait, adolescent imberbe :
L'officier toisa l'homme et, terrible, sévit.
Et, quinze jours durant, dans la tranchée on vit
Valère en prisonnier travaillant sans relâche,
Aux endroits dangereux, isolé dans sa tâche.
Alors qu'il eût suffi peut-être au camelot,
Pour le rendre à lui-même et le calmer, d'un mot,

La haine accumulée et dès l'enfance apprise
L'enivra d'un seul coup et lui parut exquise.
Et puis... il redevint le joyeux compagnon
Qui charme le gourbi du bruit de sa chanson,
Mais sans rien oublier; et, dans la solitude,
Il pleurait quelquefois, brisé de lassitude :
« Que viennent-ils donc faire ici-bas, les maudits,
Toujours déracinés et toujours incompris?
L'homme est un loup pour l'homme, et seule l'anarchie
Dit vrai : la force est tout, le reste est duperie! »
Et comme s'il avait peur de lui-même, au fond,
Il pensait aux moyens de venger son affront,
Escomptant à l'avance une attaque prochaine.
Devant Bras, un matin, l'orage se déchaîne :
Un régiment entier, par deux fois reformé,
Sous la grêle de feu recula, décimé.
Au fond d'une tranchée humide et frissonnante,
Couvert de sang, blessé, Valère, dans l'attente,
Écoutait, hargneux, fou, les poings entre les dents,
La tourmente effroyable et les cris des mourants.
Soudain une voix parle où l'âme passe toute :
« Votre lieutenant gît à cent pas de la route,
Qui veut l'aller chercher? Il faut quelqu'un de fort. »
Chacun se tait : on sait qu'à cent pas, c'est la mort;
Et Valère a souri! Ce lieutenant, c'est l'homme
Qui l'a puni naguère, une bête de somme,
Un blanc-bec, un brutal détesté des soldats!
Il a souri, Valère, il ne se sent plus las;

Son regard est mauvais et sa main s'est crispée.
La voici, camelot, cette heure souhaitée,
Car tes fiers compagnons qui saignent de partout,
Sont là, regarde-les : pas un ne tient debout!
Car toi seul, si tu veux, le sauverais peut-être,
Toi seul, esclave hier, mais aujourd'hui le maître!
Ton devoir, tu l'as fait, laisse l'enfant mourir,
Toi qui n'as jamais eu qu'un passé de martyr!
Les siens le pleureront : ta vengeance est entière.
Nul ne t'accusera, nul, pas même sa mère.
Sa mère!... Tu pâlis? tu te lèves soudain?
Où donc vas-tu, soldat, ô soldat assassin!

. . . .

Personne ne l'a vu : dominant sa souffrance,
Sous le feu des canons Jean Valère s'avance,
Puis s'arrête... Parmi les soupirs des blessés,
Quelqu'un a dit : « Maman! » C'est l'officier tout près.
Et Jean rampe vers lui :

                « Ta jambe est à la mode!
Ton outil s'est brisé! Cela se raccommode! »
Mais l'officier délire et répète : « Maman! »
Et ce mot qui, jadis, aurait souffleté Jean,
A troublé le soldat et lui chavire l'âme :
Il comprend, il devient tremblant comme une femme :
« Mon petit, oui... c'est moi. Parle bas... oui, ta main!
Je te panse et je vais t'emmener, ce n'est rien! »
Et tandis que la mort s'écrase en avalanche,
Valère, sans rien voir, sans entendre, se penche;

Il ignore qu'il souffre, il se met à genoux,
Et soigne le blessé d'un geste sûr et doux !
Le soir, Jean fut porté dans la fosse commune ;
Mais quand le lieutenant, ramassé par fortune,
Fut sauf, il réclama sa mère vainement :
Jean Valère, le gueux, est mort pour son enfant !

Verdun, mars 1916.

L'INVENTAIRE

Épisode de la bataille du Xon, le 22 février 1915.

Ils sont plus de deux cents des nôtres alignés,
Hier, soldats joyeux aux fronts transfigurés,
Cadavres aujourd'hui sur lesquels la mort place
Sa laideur, son rictus et son masque de glace ;
Et chargé de colère ou de pleurs désolés
       Le vent de l'hiver passe.

. . . .

Ils gisent dans un champ défoncé, tout boueux,
Où chaque obus qui tombe avec un rire affreux
Ouvre une large fosse, attestant la nature
Que l'homme a beau rêver, que son rêve est parjure !
La forêt est voisine, et les chênes noueux
       Ont plus d'une blessure.

. . . .

Regards qu'anime encor l'ivresse des combats,
Regards demi-fermés, regards vitreux, si las,
O morts déchiquetés, vision d'épouvante

En qui l'âme est peut-être enclose, palpitante,
Êtes-vous, dites-moi, ceux qu'espère là-bas
        L'épouse confiante?

Est-ce vous dont l'image est près du crucifix
Au foyer suspendue en son cadre de buis?
Mutilés, est-ce vous, l'héroïsme et la grâce,
Qu'un mulet, pris d'horreur, flaire, l'oreille basse,
Et fuit....., dérision pour ce qui fut jadis
        L'orgueil de notre race?

Allons! il faut chercher sous ces haillons sanglants
Les papiers, le livret, reliques des parents.
L'aumônier lentement devant eux passe et prie;
Et, tel le fils de l'Homme au sein de l'agonie,
Il jette sur les morts, au nom du Dieu très bon,
La suprême espérance et le dernier pardon.
Par instants, il frémit, comme si la tempête
Fauchant les épis mûrs, ployait aussi sa tête.
Un major parle haut, sa cravache à la main,
Tandis qu'un Christ de pierre, au détour du chemin,
Semble cloué d'hier par l'homme à sa potence,
Tant son œil triste et doux recèle de souffrance!

Cependant nous voici penchés sur ce charnier,
Saisis par le devoir, grelottant sans parler.

Ce mort, là, devant moi, n'a plus de face humaine ;
Qu'a-t-il donc qui m'attire ? Il dut souffrir à peine.
Sa poitrine est ouverte, et sur l'habit bleu ciel
Le sang pur a coulé comme sur un autel.
Il ne possède rien qu'une lettre récente
Écrite d'une main malhabile et tremblante.
J'hésite à pénétrer dans cette intimité,
Et redoute un secret par ce mort seul gardé !
Mais, puisqu'il faut, je lis, attentif et fébrile :
« Où j'ai fait une croix, ta petite Camille
Pour son père qu'elle aime a mis un gros baiser ! »

. . . .

Je lis encore et tourne en mes mains ce papier
Sans adresse, sans nom, où l'enfant et la femme
Au soldat qui luttait envoyèrent leur âme.
Elles n'ignoraient pas qu'un sourire suffit
A soutenir parfois, et qu'en guerre on en vit !
La nuit dans la tranchée, on y pense et l'on rêve.....
Le lourd rideau de plomb un instant se soulève ;
Et ce père, pour qui tout va bientôt finir,
Bâtit, inconscient, des projets d'avenir !.....
C'est ainsi, n'est-ce pas, que tu tombas peut-être,
Ta vision au cœur, serrant sur toi ta lettre,
Camarade inconnu, dont le dernier moment
Fut comme auréolé par un baiser d'enfant !
A cette heure, là-bas, la même aube falote
Éclaire ton foyer et la bise y sanglote.....

Ni l'épouse pourtant, ni Camille au berceau
N'ont deviné l'appel qui jaillit du tombeau !

. . . .

Tandis que je me perds en ces tristes pensées
Le cœur bouleversé, les mains de sang tachées,
Notre officier survient, soldat rude au péril :
« Beau succès ! Nous tenons la crête, me dit-il,
Mais..... vous tremblez !..... » Il lit la lettre qu'il chiffonne
Et je le vois qui part brusquement et frissonne.....

NANCY, IMPRIMERIE BERGER-LEVRAULT — JUILLET 1916

www.ingramcontent.com/pod-product-compliance
Lightning Source LLC
LaVergne TN
LVHW012306050726
842524LV00004B/1231